La ciencia de

La ELECTRICIDAD

Julia Vogel y Jared Siemens

LIGHTBOX
openlightbox.com

Entre a **www.openlightbox.com** e ingrese el código único de este libro.

CÓDIGO DE ACCESO

LBXC8767

Lightbox es una completa solución digital para enseñar y aprender temas curriculares de una manera original e innovadora. Lightbox se basa en las Normas Curriculares Nacionales.

OPTIMIZADO PARA
- ✓ TABLETAS
- ✓ PIZARRAS ELECTRÓNICAS
- ✓ COMPUTADORAS
- ✓ ¡Y MUCHO MÁS!

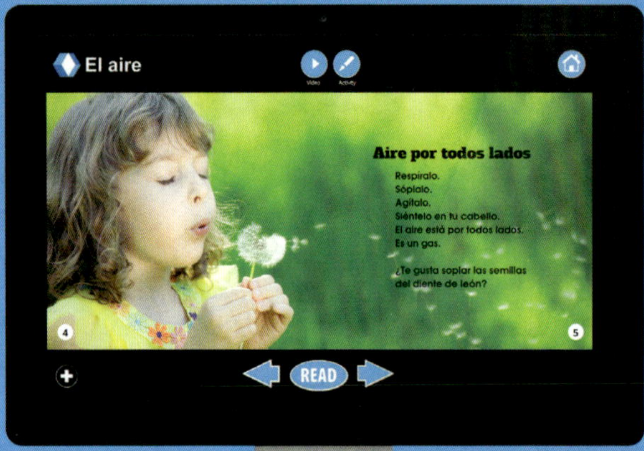

CARACTERÍSTICAS ESTÁNDAR DE LIGHTBOX

 **AUDIO** Narraciones de alta calidad con sistema de texto a voz

 **VIDEOS** Videoclips de alta definición incorporados

 **ACTIVIDADES** PDFs imprimibles que pueden enviarse por correo electrónico y calificarse

 **ENLACES WEB** Enlaces cuidadosamente seleccionados con recursos seguros para niños

 **PRESENTACIÓN EN DIAPOSITIVAS** Ilustraciones gráficas de los conceptos clave

 **MAPAS INTERACTIVOS** Mapas interactivos e imágenes satelitales aéreas

CUESTIONARIOS Diez preguntas de elección multiple con puntaje automático que se envían por correo electrónico al docente para su evaluación

 **PALABRAS CLAVE** Combinación de los conceptos clave con sus definiciones

VIDEOS

ENLACES WEB

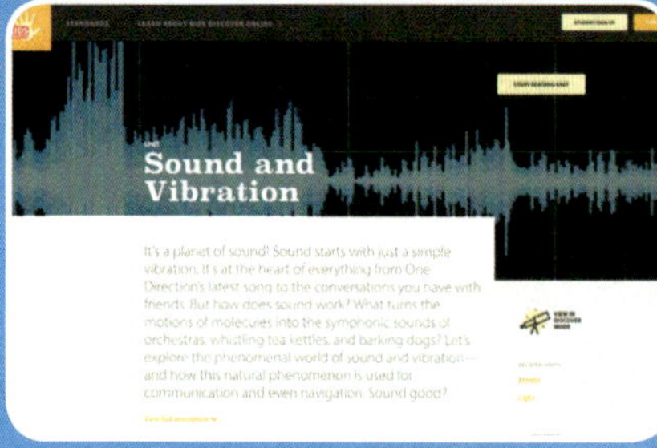

PRESENTACIÓN EN DIAPOSITIVAS

CUESTIONARIOS

La ciencia de La Electricidad

CONTENIDOS

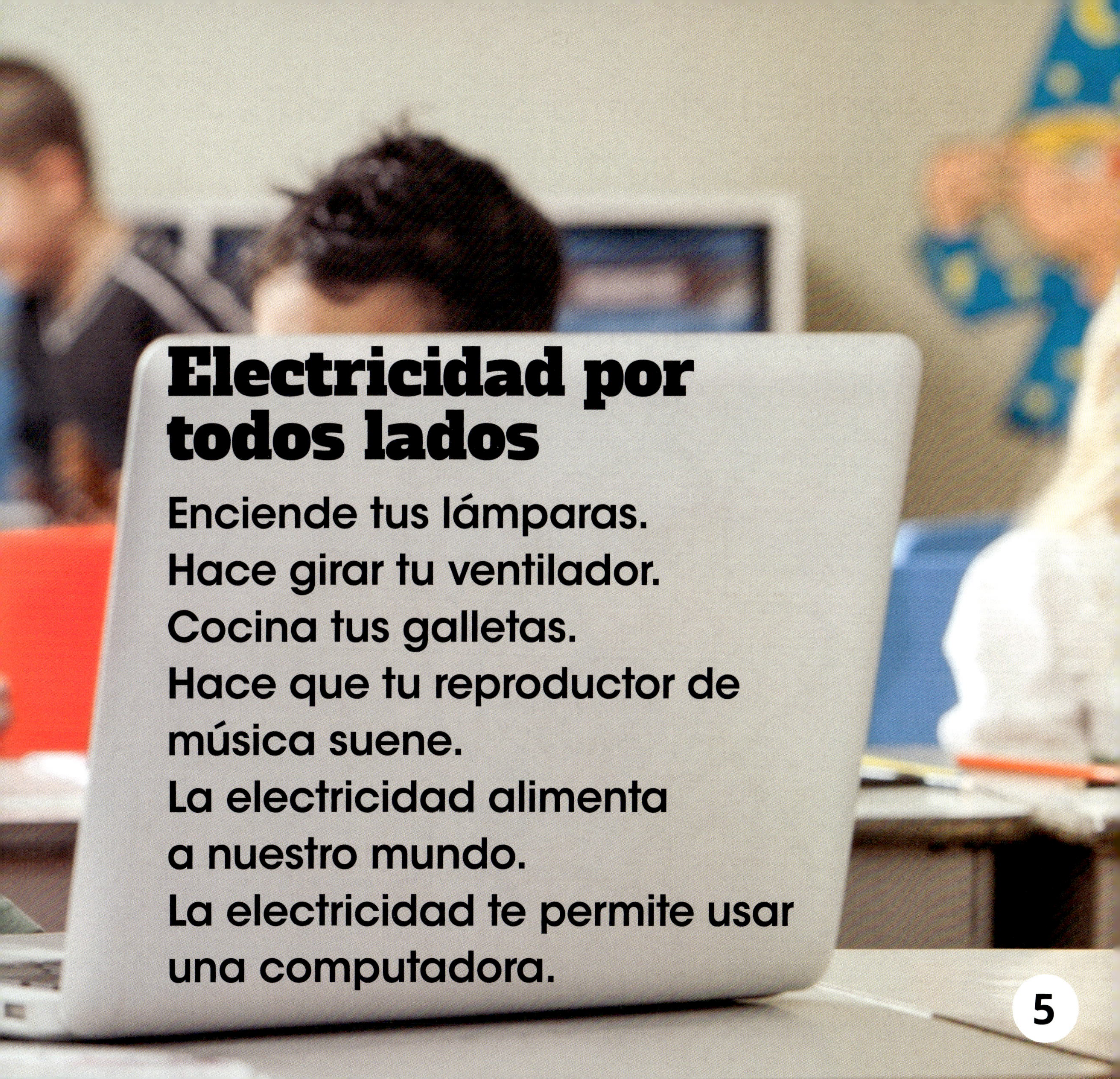

Electricidad por todos lados

Enciende tus lámparas.
Hace girar tu ventilador.
Cocina tus galletas.
Hace que tu reproductor de música suene.
La electricidad alimenta a nuestro mundo.
La electricidad te permite usar una computadora.

La electricidad forma parte de todo. Son electrones en movimiento. ¿Qué son los electrones? Son pedacitos de átomos diminutos. Todos los objetos están formados por átomos –las rocas, las nubes, los árboles– ¡y tú también lo estás!

El cabello, la piel, los huesos –todos están compuestos por átomos. Se necesita un microscopio muy potente para ver los átomos.

¡Cárgate!

Frota tus pies en la alfombra. Luego, toca el picaporte de una puerta. ¡Zap! Los electrones de la alfombra pasaron a tu cuerpo y luego saltaron de tu dedo al picaporte metálico. ¡Zing! Esa descarga fue electricidad estática.

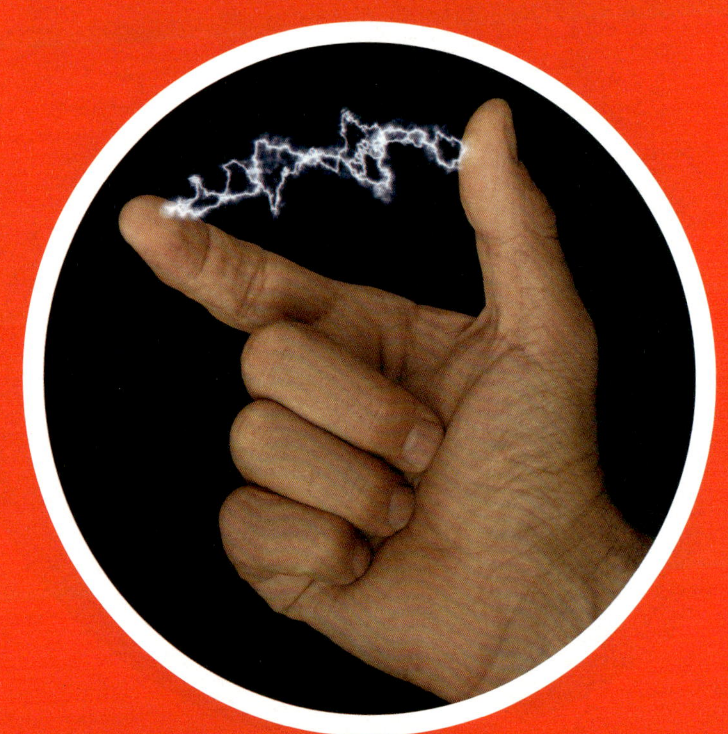

La electricidad estática hace que a esta niña se le levante el cabello.

La electricidad estática de los rayos es increíblemente poderosa.

Los rayos también son electricidad estática. Los electrones se acumulan en una nube de tormenta. Saltan de nube en nube o caen a la tierra. ¡Flash! Un relámpago atraviesa el cielo.

La potencia de un rayo puede partir un árbol. El calor puede quemar una casa. Puede iniciar un incendio forestal. Un rayo partió este árbol por la mitad.

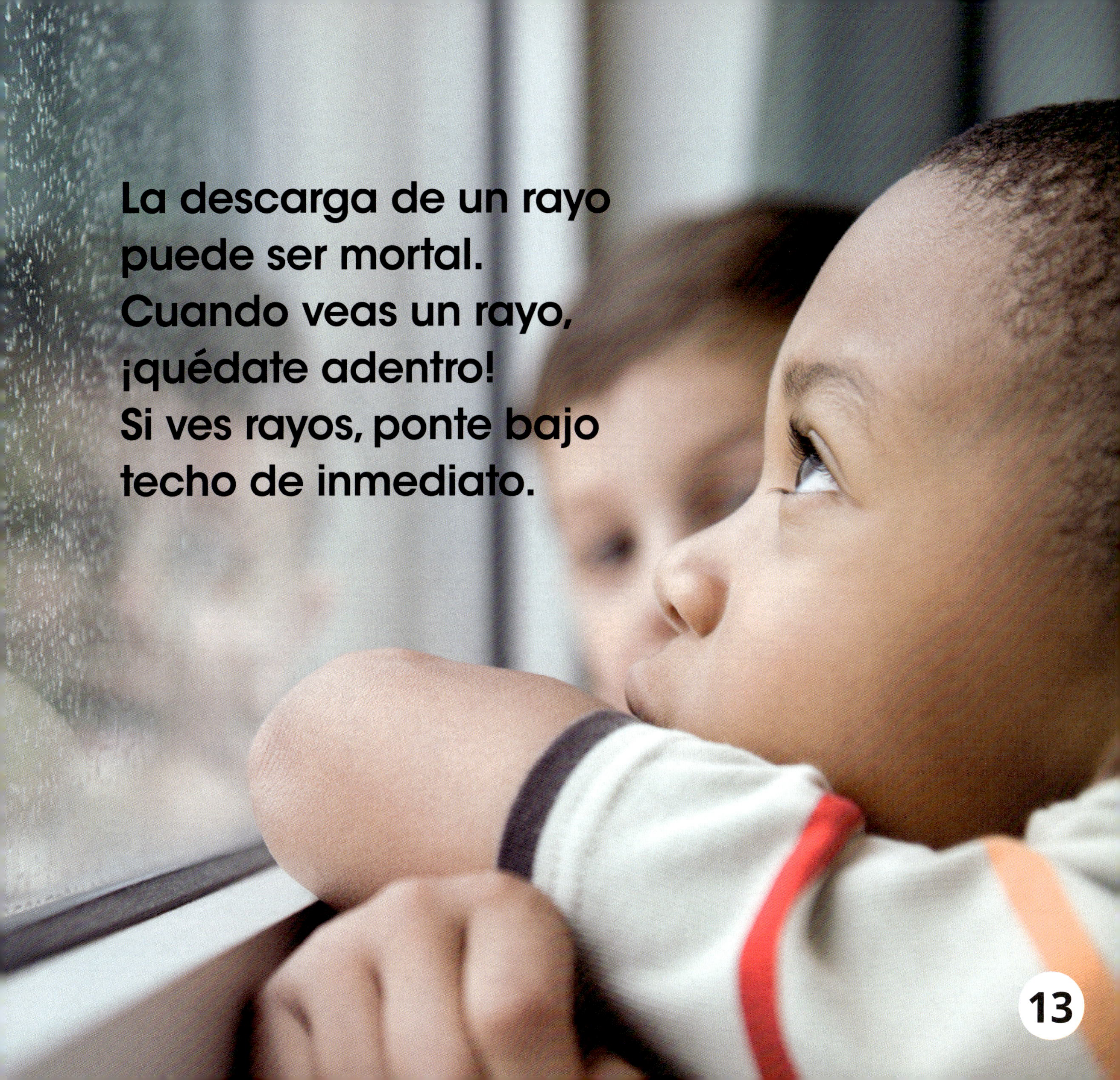

La descarga de un rayo puede ser mortal. Cuando veas un rayo, ¡quédate adentro! Si ves rayos, ponte bajo techo de inmediato.

Sigue la corriente

Los científicos descubrieron cómo generar electricidad de otra forma. Pusieron imanes dentro de bobinas de alambre.

Este pequeño motor usa imanes y alambres para generar electricidad.

Luego, movieron los imanes hacia atrás y hacia adelante. Esto agitó los electrones de los alambres, que comenzaron a fluir como un río, formando una corriente eléctrica.

Las centrales eléctricas tienen enormes máquinas con imanes y alambres y una fuente de alimentación que mantiene a los imanes girando. Las máquinas generan una potente corriente eléctrica.

La represa de Grand Coulee de Washington genera más electricidad que cualquier otra represa de los Estados Unidos.

En esta central, la fuente de alimentación es el agua. La electricidad fluye por largos cables colocados en torres muy altas.

La corriente eléctrica fluye por millas. Viaja por los cables hasta nuestras ciudades y fábricas. Llega hasta tu casa. La corriente fluye a tu TV. ¡Están dando tu programa favorito! Los cables de la calle se meten por las paredes y llegan a los enchufes.

Puedes apagar el televisor con solo apretar un botón. La corriente eléctrica debe fluir en un bucle o circuito. El botón puede interrumpir el flujo. Vuelve a presionar el botón para cerrar el circuito. Tu programa ha vuelto. La electricidad viene de la batería y fluye hacia los botones.

¡Desenchúfate y diviértete!

¿Te imaginas nuestro mundo sin electricidad? ¡Sería un apagón! Todos usamos la electricidad. Es importante no derrocharla. ¡Ahorrar electricidad es una brillante idea!

La electricidad no es gratis. Por eso, ahorrando electricidad estás ahorrando el dinero de tu familia. Además, muchas centrales eléctricas alimentan sus máquinas con carbón y eso contamina el aire. Ahorrando electricidad también puedes ayudar a la Tierra. ¿De qué forma divertida puedes usar menos electricidad?

Datos sobre la electricidad

En toda la Tierra, **caen** unos **100** rayos por segundo.

Se necesita aproximadamente **media libra** (0,25 kilogramos) de carbón para que un **televisor** esté encendido durante **4** horas.

Más de **75 millones** de hogares estadounidenses tienen electricidad gracias a la **energía hidráulica**.

Estados Unidos consume **más electricidad** en las **luces navideñas** que lo que consumen algunos países en **todo el año**.

Apagando una computadora por la noche, se pueden ahorrar unos **$40 por año** en la factura de la electricidad.

El **cerebro humano** genera la suficiente cantidad de electricidad como para **encender** una bombilla eléctrica.

Published by Smartbook Media Inc.
350 5th Avenue, 59th Floor New York, NY 10118
Website: www.openlightbox.com

Library of Congress Control Number: 2017961982

ISBN 978-1-5105-3434-6 (hardcover)
ISBN 978-1-5105-3435-3 (multi-user eBook)

Printed in the United States of America in Brainerd, Minnesota
1 2 3 4 5 6 7 8 9 0 22 21 20 19 18

022018
011518

Spanish Project coordinator: Sara Cucini
Spanish Editor: Translation Services USA
English Project coordinator: Jared Siemens
Designer: Ana María Vidal

Every reasonable effort has been made to trace ownership and to obtain permission to reprint copyright material. The publisher would be pleased to have any errors or omissions brought to its attention so that they may be corrected in subsequent printings.

The publisher acknowledges iStock, Alamy, and Getty Images as its primary image suppliers for this title.